CB127360

# A vida Espiritual em uma cultura secular

ESTUDO BÍBLICO DA SÉRIE *DESCOBRINDO A PALAVRA*

Para grupos ou estudo individual

**Cada geração** precisa reconhecer a atemporalidade da Bíblia. Até mesmo a história de Daniel na cova dos leões pode tornar-se motivo de reflexão para o restante de nossos dias. A Bíblia não trata apenas de nos dizer o que devemos fazer. Ela é muito mais esclarecedora do que isso. Cada capítulo nos fala o suficiente sobre Deus e sobre nós mesmos para nos mostrar como nos alinharmos com o que Ele está fazendo em nosso mundo.

É esta a convicção do autor Bill Crowder, um dos integrantes de Ministérios RBC. Nas páginas a seguir, ele nos ajuda a descobrir o que Deus nos revela sobre si mesmo no desenrolar dos fatos em torno da pessoa de Daniel. Essa descoberta pode nos colocar face a face com os elevados propósitos de vida que também são atemporais.

—*Mart DeHaan*
Ministérios RBC

Este guia de estudos bíblicos baseia-se no livreto da série *Descobrindo a Palavra* de Ministérios RBC, para a língua portuguesa. Esta série de estudos aborda uma variedade de assuntos contemporâneos que retratam a caminhada crista à luz de uma perspectiva bíblica. Eles contêm 32 páginas e são um manancial de recursos para obter discernimento no estudo da Palavra de Deus, individual, ou em grupo. Descubra mais sobre estes livretos acessando o site www.publicacoesrbc.com.br

O livreto *A vida espiritual em uma cultura secular* foi escrito por Bill Crowder, membro da família de Ministérios RBC. Ele é um dos escritores do *Pão Diário* e dos livretos da série *Descobrindo a Palavra.*


| | |
|---|---|
| Editores: | Dave Branon, Rita Rosário |
| Tradução: | Cordélia Willik, Dayse Fontoura |
| Revisão: | Dayse Fontoura |
| Projeto Gráfico: | Steve Gier, Audrey Novac Ribeiro |
| Guia de Estudos: | Dave Branon |
| Fotos: | *Stock.Xchng*: pp.6,10,18,21,30,38,41. *RGB Stock*: Michal Zacharzewski, p.8; L Goh, p.11; Sanja Gjenero, pp.20 e 54; Adrian van Leen, p.48; Krzysztof Szkurlatowski / 12frames.eu, p.50; Mirna Sentic, p.51. *Freerange Stock*: Jo-Anne Brandes, p.28. *Stockvault*: François Huynh, p.31. *Wikipedia Commons*: Rolf Müller, p.56. *Public Domain*: Benjamin West, p.40 |





ministérios rbc

Código: SK422

ISBN: 978-1-60485-958-4

*Impresso no Brasil / Printed in Brazil*

# Sumário

# Como usar

## GUIA DE ESTUDO BÍBLICO DA SÉRIE *DESCOBRINDO A PALAVRA*

### O propósito

Os estudos bíblicos da série *Descobrindo a Palavra* oferecem ajuda para pastores e líderes leigos utilizarem em discipulado. Contêm lições adaptadas dos livretos da série *Descobrindo a Palavra* de Ministérios RBC e estão incluídos alguns artigos das páginas do livreto devocional *Pão Diário*. Esta série utiliza o método indutivo de ensino para ajudar os cristãos a compreenderem melhor a Bíblia.

### O formato

**LEITURA:** cada caderno de estudo é dividido em lições. Para cada lição, o leitor encontrará um aspecto no qual poderá aprofundar-se melhor. Cada estudo inclui a seção ENFOQUE e UM POUCO DE TEOLOGIA que ajudará a meditar sobre o material. Estas seções podem ou não ser utilizadas como início de discussão para sessões em grupos.

**QUESTIONÁRIO:** ao final da leitura há um GUIA DE ESTUDO que ajuda o leitor a refletir sobre o assunto proposto. Se você for o líder de um grupo de estudo, peça a cada participante para estudar o guia de estudo antes do encontro. Não se sinta obrigado a completar todas as perguntas, permita que o interesse dos participantes oriente o curso da discussão. Planeje um estudo de 45-50 minutos. As perguntas são adequadas para estudo individual ou em grupo. Confira a seguir as partes deste guia de estudos.

**PARA MEMORIZAR:** uma passagem bíblica que enfatiza uma verdade divina, de fácil memorização.

**QUEBRA-GELO:** uma pergunta de interesse geral para favorecer a discussão (em grupo) ou a contemplação (individual).

**REFLEXÃO:** perguntas que ajudarão o grupo ou o aprendiz a interagir com a leitura. Estas perguntas facilitam a compreensão de conceitos críticos.

**UM PASSO ADIANTE:** um estudo indutivo de uma determinada passagem das Escrituras, lembrando o grupo ou aprendiz sobre a importância desta como autoridade final.

**APROFUNDAMENTO:** há dois segmentos nesta fase: O item REFLETIR sugere maneiras de comparar as ideias da lição com ensinamentos em outras partes da Bíblia. O item APLICAÇÃO desafia o grupo ou aprendiz a praticar o ensinamento em seu dia a dia.

***PÃO DIÁRIO:*** ao término das seções do guia de estudo bíblico, o leitor encontrará um artigo do *Pão Diário* relacionado ao tópico em estudo. Você poderá usá-lo para posterior reflexão ou como introdução para um momento de oração.

*Para outras sugestões sobre o uso do estudo bíblico da série* Descobrindo a Palavra, *utilize o guia do líder e do aprendiz na página 57.*

# 1 INTRODUÇÃO

# O conflito de culturas

Na década de 60, os cidadãos americanos lutavam em várias frentes de batalha. Internamente havia uma série de conflitos que registravam os novos capítulos da história dos Estados Unidos. No Vietnã, os soldados morriam em uma guerra impopular. As manchetes anunciavam que a cultura daquele país estava sendo desafiada e segmentada como nunca. Vemos isso nos exemplos a seguir:

- **Conflito geracional,** com os jovens desafiando as autoridades, as instituições, e a riqueza adquirida com dificuldades e que a geração de seus pais lhes passava como legado.
- **Conflito racial,** com uma emergente comunidade afro-americana que finalmente se levantava para reclamar a igualdade de direitos garantidos pela constituição.
- **Conflito religioso,** com as tradições históricas das igrejas tradicionais sendo desafiadas por um entusiástico movimento jovem que chamava a si mesmo de *O Povo de Jesus*.

A turbulência dos anos 60 prenunciou uma série de conflitos sociais que ameaçariam seriamente a unidade da nação. As Guerras Culturais, como ficaram conhecidas, dividiram a sociedade a respeito de uma série de questões morais ligadas frequentemente às convicções religiosas.

# O impacto nascido das diferenças da fé

O papel da fé pessoal em uma cultura seccionada é inevitável. Sobre isso o autor Os Guinness escreveu em seu livro *O Chamado*: "No mundo de hoje, é notório que as diferenças podem fazer a diferença. As crenças têm consequências" (Ed. Cultura Cristã, 2001).

O que principia como concepções de Deus teoricamente diferentes; o mundo, justiça, humanidade e liberdade, acabam sendo maneiras radicalmente divergentes de viver e de morrer.

No passado, algumas pessoas de fé afastaram-se da sociedade para comunidades isoladas, separadas da agitação cultural. Outros se organizaram em grupos de ações políticas. Ainda outros se descobriram destinados a mostrar que, nas mãos de Deus, uma vida pode provocar mudanças — mesmo sem a garantia de direitos civis, e mesmo cercada por uma cultura estranha.

# A influência de uma vida

Por volta de 600 a.C., Daniel viu sua nação assolada e sua vida desarraigada. Com um grupo de outros reféns judeus, ele foi levado como cativo a um lugar chamado Babilônia — uma cultura estrangeira, centenas de quilômetros distante da relativa estabilidade de Jerusalém. Na região que hoje chamamos de Iraque, Daniel experimentou o desafio de viver a sua fé em uma cultura dedicada a um conjunto de valores e prioridades muito diferentes dos seus.

Ao entrarem neste novo mundo, Daniel e seus amigos expressaram convicções que estavam fadadas a colocá-los em desacordo com seus poderosos captores. No entanto, em meio ao mundo pagão, Daniel tornou-se:

- *líder governamental,* nomeado para servir em posições de responsabilidade, em três reinados;
- *historiador,* registrando o que Deus fizera em seus dias;
- *profeta,* ocupado em predizer o futuro e falar a verdade aos líderes.

No desenrolar do drama bíblico, Daniel é um estudo de caso sobre a fé pessoal vivenciada em uma cultura hostil.

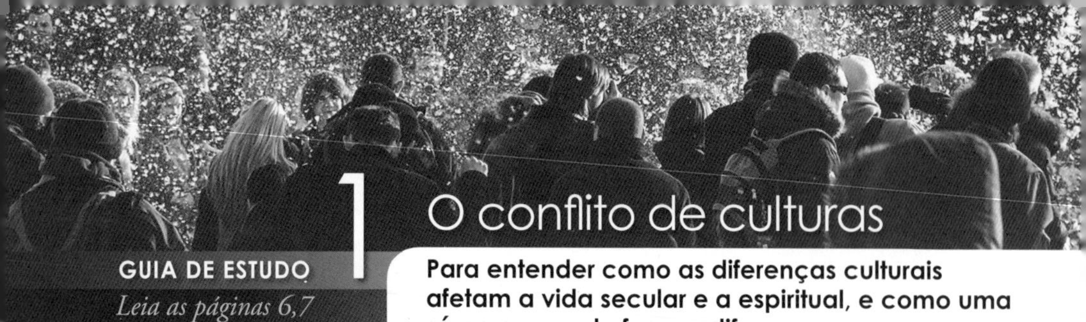

# 1 O conflito de culturas

**GUIA DE ESTUDO**

*Leia as páginas 6,7*

PARA MEMORIZAR

João 17:15

*Não peço que os tires do mundo, e sim que os guardes do mal.*

**Para entender como as diferenças culturais afetam a vida secular e a espiritual, e como uma só pessoa pode fazer a diferença.**

## Quebra-gelo

Você poderia citar uma pessoa que acha que está fazendo um bom trabalho em viver num mundo de desafios culturais e se mantendo fiel a Deus em meio ao conflito? Quais características desta pessoa você gostaria de imitar?

## Reflexão

**1.** Quais conflitos sociais são mais relevantes e mais desafiadores na comunidade onde você vive?

**2.** De que maneira você vê os conflitos religiosos afetando nosso mundo? Qual é a melhor forma de tratar essas diferenças de credos?

**3.** Ao refletir sobre a história de Daniel, discuta sobre o que mais admira neste personagem bíblico e sobre a sua forma de viver em uma cultura hostil e secular.

## Um passo adiante

### Aplicação

1. Examine o texto a seguir e discuta o que isso quer dizer na vida real: "Não ameis o mundo nem as coisas que há no mundo. Se alguém amar o mundo, o amor do Pai não está nele" (1 João 2:15).

## Aprofundamento — Leitura: João 17:12-17

**1.** O que quer dizer que as pessoas a quem Jesus se refere "não são do mundo" (v.14)?

**2.** A solução apresentada por Jesus ao problema dos conflitos seculares não é tirar os cristãos do mundo. O que Ele afirma que mais os ajudará (v.15)?

**3.** Que documento irá ajudar àqueles que estão no mundo a não serem derrotados (v.17)?

12Quando eu estava com eles, guar-
dava-os no teu nome, que me deste;
e protegi-os, e nenhum deles se per-
deu, exceto o filho da perdição, para
que se cumprisse a Escritura. 13Mas,
agora, vou para junto de ti; e isto falo
no mundo para que eles tenham o
meu gozo completo em si mesmos.
14Eu lhes tenho dado a tua palavra; e
o mundo os odiou, porque eles não
são do mundo, como eu também
não sou. 15Não peço que os tires do
mundo, e sim que os guardes do
mal. 16Eles não são do mundo, como
também eu não sou. 17Santifica-os
na verdade, a tua palavra é a
verdade.

### Momento de oração

Use o artigo do *Pão Diário* na página seguinte como guia para devocional e meditação sobre a cultura.

## Refletir

1. Quando você observa os atuais conflitos culturais com o cristianismo, qual considera ser o maior deles e que requer atenção por parte dos que creem?

2. À medida que refletimos sobre os conflitos culturais atuais, de que forma você vê a história de Daniel oferecendo uma promessa de esperança para nós?

*Pão Diário:* Para reflexão e meditação sobre **conflitos culturais.**

# O Espírito desta era

Cada era tem sua forma de pensar, suas ideias e valores que influenciam a cultura, o chamado "espírito da era". É o conceito crescente de que moralmente estamos adormecidos, fazendo-nos aceitar, gradualmente, os valores da sociedade atual.

O apóstolo Paulo chamou esta atmosfera corrupta de "curso deste mundo". Ao descrever a vida dos efésios antes que eles conhecessem a Cristo, disse que estavam "mortos nos seus delitos e pecados" e que andavam segundo o curso deste mundo (Efésios 2:1,2). Esta é a pressão exercida pelo mundo — um sistema de valores e ideias inspirado por Satanás e que cultiva um estilo de vida que é independente de Deus.

Jesus quer que vivamos no mundo (João 17:15), então, é quase impossível fugir da influência do mundo. Mas Ele nos deu a Sua Palavra para que ocupe o nosso pensamento a fim de que não nos conformemos aos valores mundanos (Romanos 12:1,2). Em vez disso, Deus nos ajuda a andar em Sua luz (Efésios 5:8), no Espírito (Gálatas 5:25), em amor (Efésios 5:2), em verdade (3 João 4) e em Cristo (Colossenses 2:6).

À medida que avançarmos no poder de Deus e investirmos tempo em a Sua Palavra, Ele nos dará força para viver de acordo com os valores do reino de Deus e não no espírito desta era.

—*Dennis Fisher*

EFÉSIOS 2:1-2

*Ele vos deu vida, estando vós mortos no vossos delitos e pecados, nos quais andastes outrora, segundo o curso deste mundo…*

Acesse *Pão Diário* em **www.ministeriosrbc.org**

2

# Uma vida em destaque

## DANIEL 1

Quando a história de Daniel começa, Judá está sendo invadida, e a atividade comercial como de costume parou. O profeta Jeremias sabia o motivo. Por mais de 20 anos, ele havia insistido com os cidadãos de Judá para retornarem ao seu Deus. Ele os advertira de que, se recusassem, seriam capturados pelos babilônicos e levados cativos por 70 anos (Jeremias 25:1-11). Como Judá não ouviu, Daniel escreve agora como testemunha da invasão que ocorreu e descreve o que aconteceu em seu despertar.

# O plano do rei
## (1:1-7)

*No ano terceiro do reinado de Jeoaquim, rei de Judá, veio Nabucodonosor, rei da Babilônia, a Jerusalém e a sitiou. O Senhor lhe entregou nas mãos a Jeoaquim, rei de Judá, e alguns dos utensílios da Casa de Deus; a estes, levou-os para a terra de Sinar, para a casa do seu deus, e os pôs na casa do tesouro do seu deus* (vv.1,2).

O rei Nabucodonosor da Babilônia decidiu levar os melhores e mais inteligentes da nação cativa de Judá e usá-los para promover sua nação. Diferente de Assuero, no livro de Ester, que capturou as mulheres para o prazer pessoal, Nabucodonosor escolheu os melhores rapazes para aperfeiçoar a sua nação:

*Disse o rei a Aspenaz, chefe dos seus eunucos, que trouxesse alguns dos filhos de Israel, assim da linhagem real como dos nobres, jovens...* (vv.3,4).

---

### ENFOQUE

"Que tipo de caráter tinha Nabucodonosor? Mais tarde durante seu reinado ele demonstra sua absoluta crueldade ao matar os filhos do rei de Judá diante do próprio pai.... Nabucodonosor também queimou um outro homem lentamente até a sua morte. Este rei era especialista em torturas; sua imaginação cruel alimentava suas más ações, e sua palavra era lei absoluta. Assim, estes adolescentes enfrentaram este teste moral sabendo que ou teriam que obedecer às exigências reais ou arriscar uma morte inconcebivelmente horrível."

—Ray Stedman,
*Adventuring Through the Bible* (Aventurando-se pela Bíblia, inédito).

Ele associou as melhores mentes e capacidades para tornar a Babilônia mais forte. Este processo de seleção exigia que preenchessem altos critérios. Note que ele escolheu:

## ENFOQUE

"As denúncias de Jeremias ao povo de Jerusalém demonstram que não havia muitos lares de pessoas piedosas nesta época; mas, com certeza, havia algumas, de outra forma não seriam encontrados jovens tão bons quanto estes. Eles deveriam achar a condição de cativos difícil, por procederem de boas famílias e por terem o tipo de personalidade que ficou demonstrada na história."

—Leon Wood, *A Commentary on Daniel* (Comentário sobre Daniel, inédito).

*Jovens sem nenhum defeito, de boa aparência, instruídos em toda a sabedoria, doutos em ciência, versados no conhecimento e que fossem competentes para assistirem no palácio do rei...* (v.4).

Essa é uma lista impressionante! Eles precisavam ter boa aparência e sem qualquer defeito físico, hábeis na sabedoria e capazes de aprender, e dotados de discernimento.

Estes jovens seriam transformados em sábios. Repare nos versos 4-7:

*...e lhes ensinasse a cultura e a língua dos caldeus. Determinou-lhes o rei a ração diária, das finas iguarias da mesa real e do vinho que ele bebia, e que assim fossem mantidos por três anos, ao cabo dos quais assistiriam diante do rei. Entre eles, se achavam, dos filhos de Judá, Daniel, Hananias, Misael e Azarias. O chefe dos eunucos lhes pôs outros nomes, a saber: a Daniel o de Beltessazar; a Hananias, o de Sadraque; a Misael, o de Mesaque; e a Azarias, o de Abede-Nego.*

Esta estratégia apresentava alguns desafios sutis. Sim, eles estariam em situação melhor que os escravos na Babilônia, mas sua situação gerava desafios que os outros não enfrentariam. Esses desafios vieram de formas diversas:

**Ambiente:** Estes são os problemas que, ou moldam o nosso caráter ou o revelam. A chave é: tendo sido levados para uma terra estranha e pagã em uma idade influenciável, Daniel manteria sua pureza.

**Estilo de vida:** "As finas iguarias do rei" não eram necessariamente más, nutricionalmente. Eram alimentos que haviam sido oferecidos e dedicados aos falsos deuses da Babilônia. Comer esses pratos significava endossar esses ídolos.

**Lealdade:** O plano do rei era um ataque sutil ao centro de gravidade dos rapazes. Primeiro, ele buscou mudar seu pensamento exigindo que estudassem com os astrólogos da Babilônia. O segundo alvo era mudar sua adoração pela troca de seus nomes. Todos eles tinham nomes que mencionavam o Deus de Israel: Daniel, "Deus é meu juiz"; Hananias, "Deus é gracioso"; Misael, "Quem é como Deus?"; Azarias, "Ajudado por Deus". A mudança dos nomes era para indicar uma transferência de lealdade aos deuses babilônicos.

Qual era o propósito de Nabucodonosor? Mudando seu modo de pensar, comer e adorar, ele esperava mudar seu modo de viver. Como eles reagiriam a esse teste de caráter?

## ENFOQUE

"Durante sua infância, Daniel viveu no tempo do reinado do rei Josias de Judá — o vigoroso reformador que tentou desfazer 50 vergonhosos anos de apostasia sob o reinado de seu pai e seu avô. O templo foi reformado e o Livro da Lei encontrado e lido para o rei e para o povo. Como consequência, houve um reavivamento nacional. Porém, infelizmente este reavivamento não teve efeitos sobre os seus descendentes e quando eles o sucederam ao trono tudo o que fizeram foi anular as justas obras de seu pai. No entanto, há razões para se crer que este avivamento teve um efeito profundo e duradouro sobre a vida de um menino chamado Daniel, que se determinou a ser fiel a Deus por toda sua vida."

—Donald K. Campbell, *Daniel: God's Man in a Secular Society* (Daniel, um homem de Deus numa sociedade secular, inédito).

# A reação de Daniel (1:8-14)

*Resolveu Daniel, firmemente, não contaminar-se com as finas iguarias do rei, nem com o vinho que ele bebia; então, pediu ao chefe dos eunucos que lhe permitisse não contaminar-se* (v.8).

Daniel reconheceu que comer da comida do rei suscitava uma questão de princípio. Ele viu algo a respeito da comida que inspirava uma resposta semelhante ao que encontramos o rei Davi dizendo no Salmo 119: "Guardo no coração as tuas palavras, para não pecar contra ti" (v.11).

O que Daniel viu? Em primeiro lugar, a comida do rei não era *kosher* — não era preparada de acordo com os princípios alimentares de Israel. A vida no exílio, no entanto, tornou impossível aos rapazes judeus guardar muitas leis de Israel baseadas na Torá e no templo. Mas o que provavelmente seria uma questão ainda mais importante para Daniel, era o padrão que emerge em outros aspectos de sua vida. Ele não queria fazer nada que honrasse os deuses da Babilônia. Provavelmente, Daniel viu como violação da Palavra e da honra do seu Deus o ato de alimentar-se e beber daquilo que era oferecido aos ídolos.

Seguir o curso da maioria seria o caminho mais fácil, "Quando na Babilônia, faça como os babilônicos fazem." Mas o objetivo de Daniel era a obediência, apesar do ambiente em que estava.

Daniel e seus amigos tomaram uma posição que aparentemente os outros cativos não tiveram. Repare que Daniel: "resolveu [...] firmemente". Esta é a atitude-chave. Se a prioridade é a pureza, você deve ter o desejo de obedecer a Deus, e o compromisso de agir com base nesse mesmo desejo. Daniel tinha uma variedade de opções, mas ele estava determinado a ser leal ao seu Deus. Uma vida comprometida com o Senhor inicia com o firme propósito de coração, e Daniel desde o início do período de três anos de treinamento foi testado neste assunto.

*Ora, Deus concedeu a Daniel misericórdia e compreensão da parte do chefe dos eunucos. Disse o chefe dos eunucos a Daniel: Tenho medo do meu senhor, o rei, que determinou a vossa comida e a vossa bebida; por que, pois, veria ele os vossos rostos mais abatidos do que o dos outros jovens da vossa idade? Assim, poríeis em perigo a minha cabeça para com o rei* (vv.9,10).

Confrontado com este dilema, Daniel usou de diplomacia e demonstrou uma consciência correta. Até mesmo aqui vemos a obra de Deus em preparação para esse momento. Daniel posicionou-se — e Deus lhe concedeu favor aos olhos do chefe dos eunucos.

Então Daniel disse ao mordomo que havia sido designado para cuidar dele:

> *Experimenta, peço-te, os teus servos dez dias; e que se nos deem legumes a comer e água a beber. Então, se veja diante de ti a nossa aparência e a dos jovens que comem das finas iguarias do rei; e, segundo vires, age com os teus servos. Ele atendeu e os experimentou dez dias* (vv.12-14).

Daniel foi ao encarregado e pediu que fizessem uma experiência de dez dias com uma dieta de hortaliças. Sou uma pessoa que gosta de carne e batatas, então tal dieta não parece muito atraente para mim. Dez dias de legumes? Não para mim. Além disso, entretanto, tal teste requeria uma espécie de suspensão das regras nutricionais. Como poderia haver uma diferença notável em apenas dez dias? Era uma pequena prova de fé que prepararia Daniel para os testes de fé maiores que estavam por vir.

## O livramento de Deus (1:15-20)

O teste funcionou e mostrou que Daniel e seus amigos sabiam o que Israel esquecera — Deus abençoa a obediência.

> *No fim dos dez dias, a sua aparência era melhor; estavam eles mais robustos do que todos os jovens que comiam das finas iguarias do rei. Com isto, o cozinheiro-chefe tirou deles as finas iguarias e o vinho que deviam beber e lhes dava legumes* (vv.15,16).

Daniel e seus amigos saíram-se melhor do que os outros porque Deus trabalhou em seu favor. Como resultado, lhes foi permitido que continuassem com a dieta (embora, para mim, seria mais uma punição que recompensa). Daniel permaneceu firme porque estava comprometido com a pureza que flui da obediência à Palavra, e esta lhe proporcionou um alicerce para viver em uma cultura difícil.

*Ora, a estes quatro jovens Deus deu o conhecimento e a inteligência em toda cultura e sabedoria; mas a Daniel deu inteligência de todas as visões e sonhos. Vencido o tempo determinado pelo rei para que os trouxessem, o chefe dos eunucos os trouxe à presença de Nabucodonosor. Então, o rei falou com eles; e, entre todos, não foram achados outros como Daniel, Hananias, Misael e Azarias; por isso, passaram a assistir diante do rei* (vv.17-19).

No versículo 20 a bênção de Deus é confirmada no momento em que Daniel e seus amigos foram declarados "dez vezes mais doutos" que todos os outros sábios da Babilônia.

Ao final de seu treinamento, Daniel não tinha mais do que 20 anos, o que significa que tinha apenas 16 ou 17 anos quando ele c os outros rapazes foram postos à prova. Com tão pouca idade, este jovem foi separado para servir e viveu com grande destaque no poderoso governo pagão da antiguidade.

# 2 Uma vida em destaque

**GUIA DE ESTUDO**

*Leia as páginas 11-17*

**Para ver o que é necessário a fim de se manter santo frente às circunstâncias difíceis.**

PARA MEMORIZAR
Daniel 1:8

*Resolveu Daniel, firmemente, não contaminar-se...*

## Quebra-gelo

Pense em algumas maneiras em que atualmente é possível se inclinar a comportamentos que não são santos. Dê exemplos de circunstâncias em que você teve que tomar uma decisão consciente de não "se contaminar"?

## Reflexão

**1.** Jeremias 25:5 nos dá uma imagem clara dos problemas que estavam levando à invasão da Babilônia. Resuma estes fatos.

**2.** Bill Crowder menciona três formas de desafio que Daniel e seus amigos enfrentaram (pp.13,14). Quais são eles e o que o autor quis dizer com cada um?

**3.** De acordo com a página 15, qual o problema que Daniel teve com a comida que lhe fora oferecida?

## Um passo adiante

### Aplicação

1. Como podemos relacionar os versículos a seguir com o que Daniel enfrentou — e também à nossa situação: 1 Pedro 1:14-16; Efésios 5:25-27; João 14:15; 15:14?

## Aprofundamento — Leitura: Daniel 1:3-17

**1.** Que características destes quatro jovens seriam objetivos preciosos para os adolescentes da atualidade que queiram servir ao Senhor (v.3)? Eles deveriam se sentir intimidados por estas características — achando que não estão à altura?

**2.** O que Daniel precisava saber antecipadamente para dar sua resposta (v.8)? O que isso nos mostra com relação a educação dele?

**3.** Como Deus recompensa aos jovens de hoje por sua fidelidade ao Senhor (v.17)? E como Deus age com os que já saíram da adolescência?

3Disse o rei a Aspenaz, chefe dos
seus eunucos, que trouxessem
alguns dos filhos de Israel... 4jovens
sem nenhum defeito, de boa aparência, instruídos em toda sabedoria, doutos em ciência, versados no conhecimento e que fossem competentes...
5Determinou-lhes o rei a
ração diária das finas iguarias do rei
e do vinho que ele bebia...
6Entre
eles, se achavam, dos filhos de Judá, Daniel, Hananias, Misael e Azarias.
[...]
8Resolveu Daniel, firmemente,
não contaminar-se com as finas iguarias do rei... então, pediu ao chefe dos eunucos que lhe permitisse não contaminar-se. [...]
15No fim
dos dez dias, sua aparência era melhor; estavam eles mais robustos do que todos os jovens que comiam das finas iguarias do rei. [...]
17Ora,
a estes quatro jovens Deus deu o conhecimento e a inteligência em todas a cultura e sabedoria; mas a Daniel deu inteligência de todas as visões e todos os sonhos.

### Momento de oração

Use o artigo do *Pão Diário* na página seguinte como guia para devocional e meditação sobre a cultura.

## Refletir

1. Quais os equivalentes que podemos achar com esta história, no século 21? O que devemos evitar para não nos "contaminarmos"?

2. Que lições podemos aprender com estes quatro adolescentes?

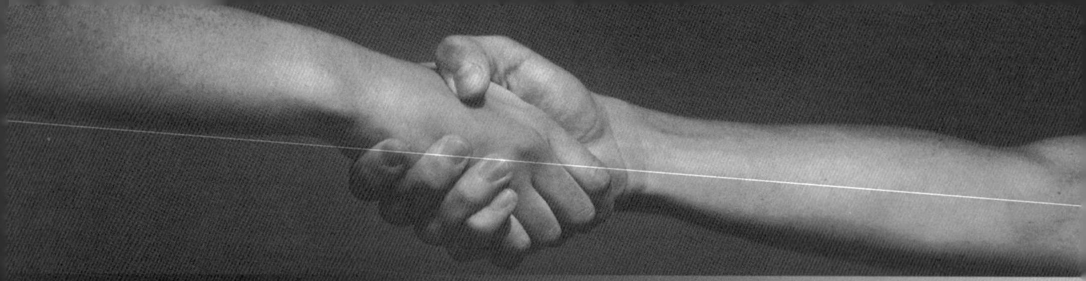



# Conquistando respeito

Quando um músico profissional, com o apelido de *Happy*, se tornou cristão, ele deixou de tocar em clubes noturnos e ofereceu os seus serviços a uma missão de resgate. Certo tempo depois, recebeu um telefonema do gerente de um clube que queria contratá-lo para um espetáculo que lhe pagaria muito bem. Mas *Happy* recusou a oferta e explicou ao gerente que estaria tocando na missão. Mais tarde, o músico comentou: "Ele me felicitou e isso me surpreendeu. Ali estava um homem que queria que eu tocasse para ele, mas me felicitou por recusar a sua oferta." O gerente respeitou a decisão de *Happy*.

Daniel estava cativo em terra estrangeira mas não esqueceu os princípios que honravam a Deus. Não podia, com consciência tranquila, comer carne que tivesse sido dedicada a um deus pagão e não tivesse sido morta segundo as leis hebraicas. Pediu uma ração simples de verduras e água, e o mordomo arriscou a sua vida para honrar o seu pedido. Creio que agiu assim porque Daniel havia merecido seu respeito por causa de sua nobre conduta.

O mundo olha com desdém os cristãos que não vivem o que dizem crer. É por isso que devemos permanecer fiéis às nossas convicções. A coerência de caráter é o que nos faz ganhar o respeito dos outros.

—*Herb Vander Lugt*

DANIEL 1:8

*Resolveu Daniel, firmemente, não contaminar-se...*

*Responderam-lhes os caldeus na presença do rei e disseram: Não há mortal sobre a terra que possa revelar o que o rei exige; pois jamais houve rei, por grande e poderoso que tivesse sido, que exigisse semelhante coisa dalgum mago, encantador ou caldeu. A coisa que o rei exige é difícil, e ninguém há que a possa revelar diante do rei, senão os deuses, e estes não moram com os homens. Então, o rei muito se irou e enfureceu; e ordenou que matassem a todos os sábios da Babilônia. Saiu o decreto segundo o qual deviam ser mortos os sábios; e buscaram a Daniel e aos seus companheiros, para que fossem mortos.*

Quando os caldeus disseram ao rei que o pedido para interpretar o seu sonho era injusto, porque somente os deuses poderiam fazer tal coisa, eles armaram o cenário para o Deus de Daniel fazer exatamente isso!

Uma vez admitida a sua incapacidade, Nabucodonosor explodiu. Ele estava tão furioso que ordenou que todos os sábios — inclusive Daniel e os rapazes em treinamento — fossem executados. Em decorrência disso, Daniel e seus amigos foram presos.

## Os corações submissos (2:14-23)

Arioque, capitão da guarda do rei, foi enviado para matar todos os sábios da Babilônia, mas quando chegou a Daniel, ele foi capaz de lhe falar "...avisada e prudentemente" (v.14). Daniel pediu uma explicação e Arioque lhe contou toda a história. Aproveitando bem esta oportunidade, "...foi Daniel ter com o rei e lhe pediu designasse o tempo, e ele revelaria ao rei a interpretação" (v.16).

Daniel, em essência, disse: Dê-me tempo, e eu garanto ao rei uma resposta. Essa era uma enorme promessa em face ao fracasso dos outros.

*Então, Daniel foi para casa e fez saber o caso a Hananias, Misael e Azarias, seus companheiros, para que pedissem misericórdia ao Deus do céu sobre este mistério, a fim de que Daniel e seus companheiros não perecessem com o resto dos sábios da Babilônia* (vv.17,18).

Daniel compartilhou o peso de seu coração com os amigos, e juntos começaram a orar. E pediram “misericórdia ao Deus do céu”. Tudo isso era uma poderosa expressão de sua confiança espiritual. Eles desejavam que Deus, em Sua misericórdia, interviesse e os livrasse da execução que havia sido planejada.

> *Então, foi revelado o mistério a Daniel numa visão de noite; Daniel bendisse o Deus do céu. Disse Daniel: Seja bendito o nome de Deus, de eternidade a eternidade, porque dele é a sabedoria e o poder; é ele quem muda o tempo e as estações, remove reis e estabelece reis; ele dá sabedoria aos sábios e entendimento aos inteligentes. Ele revela o profundo e o escondido; conhece o que está em trevas, e com ele mora a luz. A ti, ó Deus de meus pais, eu te rendo graças e te louvo, porque me deste sabedoria e poder; e, agora, me fizeste saber o que te pedimos, porque nos fizeste saber este caso do rei* (vv.19-23).

Ao orarem, Deus desvendou o mistério do sonho do rei a Daniel. Observe no versículo 19 a declaração simples dessa resposta de oração. Não era uma grande surpresa! Com o conhecido instrumento de execução ainda ao redor do pescoço de Daniel, sua primeira reação não foi a de obter alívio ou de usar seu conhecimento em seu benefício. Ao invés disso, sua primeira reação foi a de adorar. E o foco dessa adoração era o Deus de poder e provisão. Que grandioso louvor ele rendeu:

- “Seja bendito o nome de Deus”, que é um emblema de seu caráter;
- “...dele é a sabedoria e o poder”, e não de Daniel;
- “...é ele quem muda o tempo e as estações”, significando total controle sobre toda a vida;
- “...remove reis e estabelece reis”, pois Deus é soberano sobre todas as nações;
- “Ele dá sabedoria [...] e entendimento”, como Tiago 1:5 promete;
- “Ele revela o profundo e o escondido”, inclusive este sonho;
- “...conhece o que está em trevas, e com ele mora a luz”.

Daniel atribuiu a Deus toda a glória pela resposta à sua oração (v.23). Que maravilhosa demonstração de adoração! Teria sido inapropriado para Daniel agradecer a Deus por salvar sua vida? É claro que não, mas parece que, em sua mente, até esse livramento milagroso era secundário à maravilha do Deus que o realizou.

A reação deste jovem deveria nos levar a examinar nosso coração para ver qual teria sido o nosso foco:

- Naquele que abençoa ou nas bênçãos?
- No Senhor da obra ou na obra?
- No Deus que responde a oração ou na resposta?

Tudo se trata do enfoque que damos. E quando deixamos de colocar nossa confiança em Deus, é fácil perder o nosso foco. Nossas perspectivas se tornam embaçadas, e vemos as árvores, e não as florestas. No entanto, a atenção de Daniel permaneceu clara durante aquela pressão de vida ou morte. O coração dele estava firme em seu Deus, e este lhe deu capacidade para realizar, ao invés de sucumbir sob pressão.

## O segredo revelado
(2:24-30)

Daniel seguiu confiante de que Deus iria preparar o caminho.

> *Por isso, Daniel foi ter com Arioque, ao qual o rei tinha constituído para exterminar os sábios da Babilônia; entrou e lhe disse: Não mates os sábios da Babilônia; introduze-me na presença do rei, e revelarei ao rei a interpretação. Então, Arioque depressa introduziu Daniel na presença do rei e lhe disse: Achei um dentre os filhos dos cativos de Judá, o qual revelará ao rei a interpretação* (vv.24,25).

Daniel foi a Arioque, que anunciou ao rei que a resposta havia sido encontrada. Quando Daniel compareceu perante o rei (aparentemente pela primeira vez, e ainda apenas um adolescente), Nabucodonosor lhe fez uma pergunta constrangedora: "...Podes tu fazer-me saber o que vi no sonho e a sua interpretação?" (v.26).

Em outras palavras, seria Daniel capaz de ser bem-sucedido quando os outros sábios haviam falhado? Como os versículos seguintes mostram, — a resposta foi positiva.

> *...O mistério que o rei exige, nem encantadores, nem magos nem astrólogos o podem revelar ao rei; mas há um Deus no céu, o qual revela os mistérios, pois fez saber ao rei Nabucodonosor o que há de ser nos últimos dias. [...] Aquele, pois, que revela mistérios te revelou o que há de ser. E a mim me foi revelado este mistério, não porque haja em mim mais sabedoria do que em todos os viventes, mas para que a interpretação se fizesse saber ao rei, e para que entendesses as cogitações da tua mente* (vv.27-30).

Não era uma questão de falsa humildade. Era uma sincera percepção de seu papel no acontecimento. Para este jovem, a questão estava clara — tratava-se de Deus, não de Daniel. E suas ações revelaram a confiança que sentia.

# Aplicação

Daniel relataria detalhadamente o sonho e sua interpretação nos versos 31-45, mas o resultado importante está nos versos 46,47 — uma declaração da glória do Deus de Daniel.

Na vida, como nas condições atmosféricas, há períodos de alta e baixa pressão — porém, nunca há períodos de ausência de pressão. Nossas escolhas durante estes tempos incertos dizem muito sobre nós.

Onde colocamos nosso enfoque quando somos pressionados? Estamos nos debatendo para nos proteger a todo custo? Estamos fazendo coisas desesperadas que prejudicam outras pessoas no processo? Ou nos preocupamos mais sobre como nossas ações refletirão em nosso Deus?

Em seus momentos de reflexão, peça a Deus para demonstrar a presença dele claramente em sua vida. Use esses momentos para se ajustar aos eternos propósitos e glória de Deus.

# 3 Uma vida de confiança

**GUIA DE ESTUDO**

*Leia as páginas 21-26*

PARA MEMORIZAR

Daniel 2:20

*Seja bendito o nome de Deus, de eternidade a eternidade, porque dele é a sabedoria e o poder.*

**Para aprender a reagir com confiança durante os tempos de grande pressão e desafios.**

## Quebra-gelo

Que situações lhe causam mais ansiedade? Como normalmente você lida com as situações de grande pressão? O que funciona melhor?

## Reflexão

**1.** Que situação de pressão Daniel enfrentou antes de ser arguido sobre a questão do sonho não interpretado? (p.23, Daniel 2:3)

**2.** O que Daniel e seus amigos fizeram, depois que ele soube do pedido do rei, que Bill Crowder chamou de "poderosa expressão de sua confiança espiritual"? O que podemos aprender desta situação para nossos tempos de pressão?

**3.** Como Daniel respondeu após Deus ter-lhe informado sobre o que ele precisava a respeito do sonho? O que aprendemos com esta situação?

## Um passo adiante

### Aplicação

1. Como o texto de 1 Coríntios 2:14,15 nos ajuda a ver que consultar a Deus em oração nos dá vantagem sobre aqueles que não o fazem?

2. Em Daniel 2:27-30, o jovem deu honra a Deus por Seu grande feito. Como podemos aplicar o texto de 1 Pedro 5:5 não só a Daniel, mas a nós também?

## Aprofundamento

## Leitura: Daniel 2:1-28

1No segundo ano do reinado de
Nabucodonosor, teve este um sonho;
o seu espírito se perturbou, e passou-
-se-lhe o sono. 2Então, o rei mandou
chamar os magos, os encantadores,
os feiticeiros, e os caldeus, para que
declarassem ao rei quais lhe foram os
sonhos [...]. 10Responderam os cal-
deus na presença do rei e disseram:
Não há mortal sobre a terra que
possa revelar o que o rei exige [...].
12Então o rei muito se irou e enfure-
ceu, e ordenou que matassem a todos
os sábios de Babilônia [...]. 16Foi
Daniel ter com o rei e lhe pediu que
designasse o tempo, e ele revelaria ao
rei a interpretação 17Então, Daniel
foi para casa, e fez saber o caso a
Hananias, Misael e Azarias, seus
companheiros, 18para que pedissem
misericórdia ao Deus do céu [...].
19Então foi revelado o mistério a
Daniel numa visão de noite [...].
28mas há um Deus no céu, o qual
revela os mistérios; pois fez saber ao
rei Nabucodonosor o que há de ser
nos últimos dias.

**1.** Nabucodonosor consultou quatro grupos (v.2) a fim de que ajudassem a interpretar seu sonho — talvez fossem os que tinham a melhor formação e melhor reputação como conselheiros. Quem são as pessoas que atualmente têm reputação e são consultadas para aconselhamento?

**2.** Quando os caldeus responderam ao rei disseram: "Não há mortal sobre a terra que possa revelar o que o rei exige" (v.10). Eles estavam certos? Se sim, como Daniel conseguiu seu feito?

**3.** Qual foi o impacto da declaração de Daniel: "...mas há um Deus no céu, o que revela os mistérios" (v.28) num lugar como a Babilônia onde vários deuses eram adorados?

## Momento de oração

Use o artigo do *Pão Diário* na página seguinte como guia para devocional e meditação sobre a cultura.

## Refletir

1. O que o versículo 16 nos ensina sobre coragem e fé: "Foi Daniel ter com o rei e lhe pediu designasse o tempo?"

2. Como a resposta de Daniel poderá ajudá-lo da próxima vez que se encontrar diante de situações de pressão?

# Um modelo de oração

Daniel tinha muitas qualidades maravilhosas. Evidentemente era bonito, inteligente e tinha habilidades fora do comum. Possuía convicções profundas e muita coragem, e ousava defender o que era justo — mesmo que isto lhe trouxesse o desfavor do rei. Uma das suas melhores características era o fato de ser um homem de oração! Em Daniel 2 nós o vemos convocando seus amigos à oração por ocasião de uma emergência extrema. No capítulo 6 o vemos se ajoelhando três vezes por dia como era seu costume; e no capítulo 9 o ouvimos expressar uma das mais maravilhosas confissões em toda a Palavra de Deus.

Perceba três fatos com relação à vida de oração deste homem. Em Daniel 2:16 ele faz todo o possível para responder à sua própria solicitação! Ciente da crise que ele e seus amigos enfrentavam, vai por conta própria ao rei e lhe pede por mais tempo. Nos versículos 17 e 18 nós o vemos convocando um grupo de oração! Diz a Sadraque, Mesaque e Abede-Nego para que comecem a orar com ele para que o Deus dos céus revele o sonho do rei. Depois, no versículo 19, quando seu pedido foi atendido, nós o ouvimos agradecendo e louvando ao Senhor por Sua resposta misericordiosa! Pratiquemos este princípio em nossa vida: primeiramente façamos todo o possível para resolver o nosso problema; e em seguida, convidemos outros à oração, e, por último, lembre-se de dar graças sempre.

Seja um Daniel do século 21: um cristão de oração, trabalhador e agradecido!

—*Richard DeHaan*

DANIEL 2:17,18

*Então, Daniel foi para casa e fez saber o caso a [...] seus companheiros, para que pedissem misericórdia ao Deus do céu sobre este mistério.*

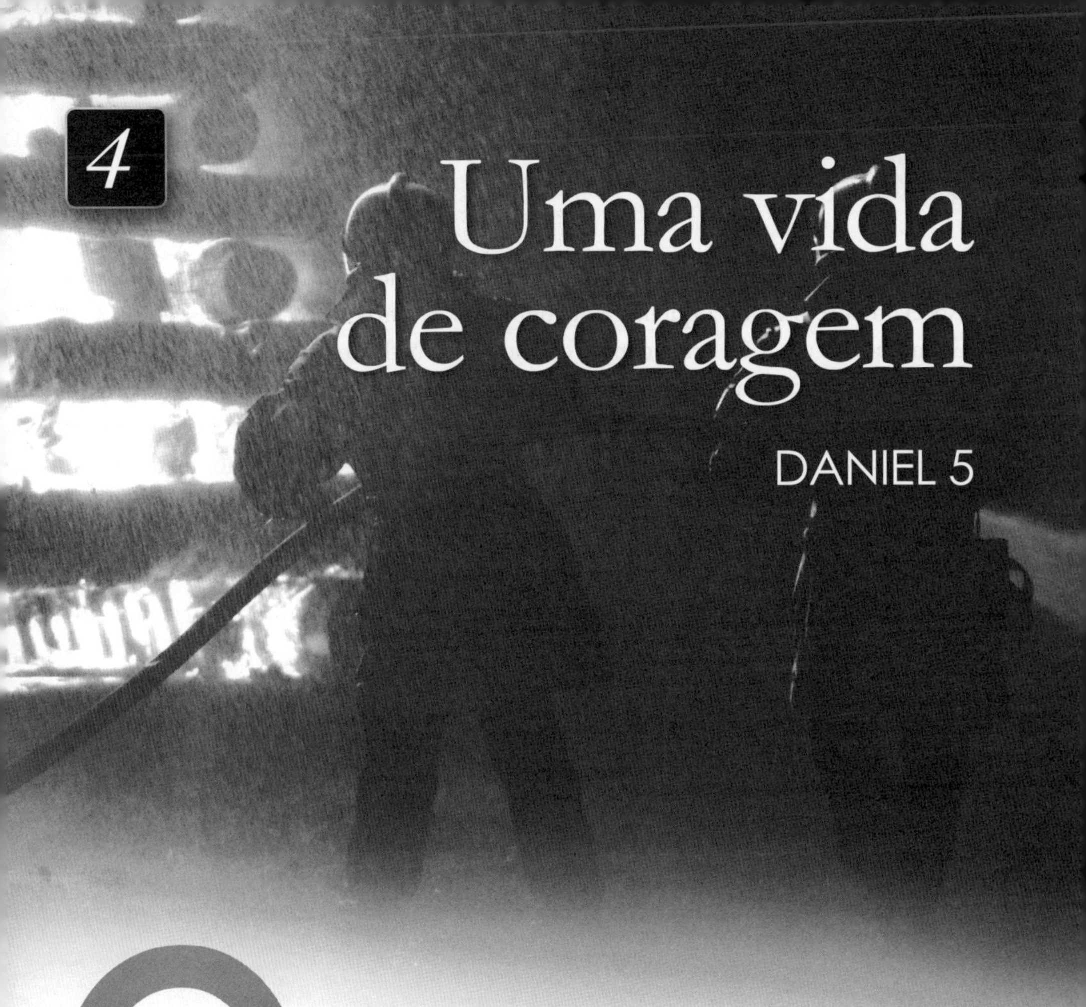

4

# Uma vida de coragem

## DANIEL 5

O autor Os Guinness escreve em *O Chamado* que envelhecer nos anos 60 era "um privilégio motivador". Ninguém podia ter certeza de coisa alguma. Para as pessoas intelectuais, tudo era questionado e reexaminado desde o princípio. Guinness continua:

> "Em nenhum lugar este desafio era mais evidente do que se tratando de conhecermos em quê e por que críamos [...] E o sentimento predominante de "tudo menos o cristianismo" dessa década, significava, muitas vezes, que qualquer religião era saudável, relevante e empolgante, conquanto não fosse a cristã, a ortodoxa ou tradicional" (Ed. Cultura Cristã, 2001).

# Um novo rei (5:1-4)

Ao nos aproximarmos do capítulo 5, vemos um homem que desafiou tudo — especialmente o Deus a quem Nabucodonosor se entregara anos antes (4:34-37). O ano é 538 a.C., 23 anos depois da morte de Nabucodonosor. O novo rei é o neto de Nabucodonosor, Belsazar — um homem devotado a qualquer deus, menos ao Deus verdadeiro. Esta devoção traria sua própria queda e a de seu reino. A cidade de Babilônia estava cercada pelos exércitos do império medo-persa. Daniel, agora octagenário, teve que confrontá-lo.

Agindo como Nero que se divertia enquanto Roma incendiava, Belsazar decretou um feriado nacional — apesar do cerco que ameaçava a cidade. O rei Belsazar deu um grande banquete a mil dos seus grandes e bebeu vinho na presença dos mil (v.1).

Por que faria isso? Há várias razões possíveis. Primeiro, para despreocupar o povo. Como alguém que assobia nervosamente ao passar por um cemitério, ele convidou mil líderes da cidade para demonstrar uma atmosfera de confiança apesar do perigo. Segundo, Belsazar pode ter desejado demonstrar a autoridade de seu reino. Terceiro, ele queria celebrar os deuses babilônicos. Estes deuses estavam representados nas paredes da sala do banquete, e Belsazar dedicou um brinde a cada um deles individualmente. Quando estavam todos bêbados, o rei cometeu seu erro fatal.

> *Enquanto Belsazar bebia e apreciava o vinho, mandou trazer os utensílios de ouro e de prata que Nabucodonosor, seu pai, tirara do templo que estava em Jerusalém, para que neles bebessem o rei e os seus grandes, as suas mulheres e concubinas. Então, trouxeram os utensílios de ouro que foram tirados do templo da casa de Deus que estava em Jerusalém, e beberam neles o rei, os seus grandes as suas mulheres e concubinas. Beberam o vinho, e deram louvores aos deuses de ouro, de prata, de bronze, de ferro, de madeira, e de pedra* (vv.2-4).

Lembre-se, o reino está cercado e o rei está tentando de algum jeito escorar o seu reino abalado. Então, em bêbado estupor, ele pede que lhe tragam os utensílios do templo que foram tirados de Jerusalém anos antes. Por que faria isso? Talvez...

## ENFOQUE

"Talvez por se lembrar da experiência humilhante de Nabucodonosor que foi trazida por este Deus (Daniel 4), Belsazar quis demonstrar que não ficaria intimidado e assim perpetuou este desafio ousado. Foi meticulosamente calculado para insultar ao Deus cujo templo estava em Jerusalém."

—Donald K. Campbell, *Daniel — God' Man in a Secular Society,* (Daniel, homem de Deus em uma sociedade secular).

- quisesse desafiar Deus;
- quisesse provar que a velha profecia (de Daniel, ao avô de Belsazar) sobre a queda da Babilônia era falsa;
- lembrou-se de como Daniel humilhara Nabucodonosor, e pode ter decidido demonstrar sua superioridade.

Qualquer que fosse o motivo, Belsazar, na hora em que deveria estar jejuando em lugar de estar festejando, demonstrou seu total desprezo pelo Deus Altíssimo. Brindou aos seus ídolos em taças feitas para a adoração de Deus.

# Um novo desafio
(5:5-12)

Com Sua escrita na parede, Deus declarou julgamento — e o rei viu!

*No mesmo instante, apareceram uns dedos de mão de homem e escreviam, defronte do candeeiro, na caiadura da parede do palácio real; e o rei via os dedos que estavam escrevendo. Então, se mudou o semblante do rei, e os seus pensamentos o turbaram; as juntas dos seus lombos se relaxaram, e os seus joelhos batiam um no outro. O rei ordenou, em voz alta, que se introduzissem os encantadores, os caldeus e os feiticeiros; falou o rei, e disse aos sábios da Babilônia: Qualquer que ler esta escritura e me declarar a sua interpretação será vestido de púrpura, trará uma cadeia de ouro ao pescoço e será o terceiro no meu reino* (vv.5-7).

Belsazar ficou repentinamente sóbrio. Ficou pálido e fraco, e seus joelhos tremiam. Um pouco antes estava bêbado demais para poder ficar em pé. Agora estava amedrontado demais!

E imediatamente ele ofereceu uma recompensa a qualquer um que pudesse interpretar a escrita (v.7). Quando todos os sábios falharam (v.8), "...perturbou [-se] muito o rei Belsazar, e mudou-se--lhe o semblante; e os seus grandes estavam sobressaltados" (v.9).

O rei perdeu completamente sua placidez e serenidade, porque enfrentava uma situação que não podia controlar. A solução viria de um lugar inesperado.

> *A rainha-mãe, por causa do que havia acontecido ao rei e aos seus grandes, entrou na casa do banquete e disse: Ó rei, vive eternamente! Não te turbem os teus pensamentos, nem se mude o teu semblante. Há no teu reino um homem que tem o espírito dos deuses santos; nos dias de teu pai, se achou nele luz, e inteligência, e sabedoria como a sabedoria dos deuses; teu pai, o rei Nabucodonosor, sim, teu pai, ó rei, o constituiu chefe dos magos, dos encantadores, dos caldeus e dos feiticeiros, porquanto espírito excelente, conhecimento e inteligência, interpretação de sonhos, declaração de enigmas e solução de casos difíceis se acharam neste Daniel, a quem o rei pusera o nome de Beltessazar; chame-se, pois, a Daniel, e ele dará a interpretação* (vv.10-12).

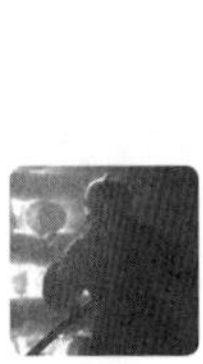

## Uma nova oportunidade (5:13-31)

Daniel, agora já idoso, foi levado à presença do rei (v.13). Que cena! Quando Daniel viu a sala do banquete, com sua idolatria, imoralidade e desafio a Deus, imagine o que passou pelo coração desse homem piedoso que havia procurado viver com pureza.

Belsazar ofereceu um prêmio a Daniel para interpretar a escritura sobre a parede, mas o profeta não se vendeu, e o rei lhe disse:

*Tenho ouvido dizer a teu respeito que o espírito dos deuses está em ti, e que em ti se acham luz, inteligência e excelente sabedoria. Acabam de ser introduzidos à minha presença os sábios e os encantadores, para lerem esta escritura e me fazerem saber a sua interpretação; mas não puderam dar a interpretação destas palavras. Eu, porém, tenho ouvido dizer de ti que podes dar interpretações e solucionar casos difíceis; agora, se puderes ler esta escritura e fazer-me saber a sua interpretação, serás vestido de púrpura, terás cadeia de ouro ao pescoço e serás o terceiro no meu reino* (vv.14-16).

Repare como Daniel não demonstrou por este rei a mesma compaixão que havia demonstrado por Nabucodonosor. Secamente, recusou os presentes do rei e expôs o seu pecado. Havia aconselhado anteriormente com compaixão, mas agora pregava com firmeza e autoridade.

Daniel disse ao rei para guardar os seus presentes, e então passou a dar-lhe uma lição de história, que remetia aos dias de Nabucodonosor (vv.18,19), e uma vez mais trouxe à tona o problema que o rei tivera com o orgulho (vv.20,21) — o mesmo problema de Belsazar.

Antes que desse a interpretação, o profeta declarou o juízo de Deus sobre Belsazar e confirmou que seu pecado não era um pecado de ignorância: "...não humilhaste o coração, ainda que sabias tudo isto" (v.22). Se não era ignorância, o que era?

- Arrogância (v.23), vista no espírito desafiador do rei.
- Blasfêmia (v.23), demonstrada na violação dos utensílios do templo.
- Idolatria (v.23), Repare no sarcasmo de Daniel ao descrever os ídolos que estavam adorando.
- Rebelião (v.23), pois o rei recusou-se a permitir que Deus fosse Deus.
- Merecia o julgamento de Deus. A mensagem escrita na parede indicava que o julgamento estava chegando (v.24).

Belsazar falhara ao considerar o poder do Deus Altíssimo e Sua intervenção soberana.

A inscrição na parede foi revelada no versículo 25:

"MENE, MENE, TEQUEL e PARSIM."

Daniel deu a interpretação da mensagem nos versículos 26-28:

*Esta é a interpretação daquilo: MENE: Contou Deus o teu reino e deu cabo dele. TEQUEL: Pesado foste na balança e achado em falta. PERES: Dividido foi o teu reino e dado aos medos e aos persas.*

O julgamento estava chegando. Como poderia não estar? Era um caso clássico de Provérbios 29:1: "O homem que muitas vezes repreendido endurece a cerviz será quebrantado de repente sem que haja cura." Não houve oferta de alívio ou reparação; não houve possibilidade de escape, nenhum meio de evasão, nenhuma tecnicidade — somente as consequências das escolhas tolas.

*Então, mandou Belsazar que vestissem Daniel de púrpura, e lhe pusessem cadeia de ouro ao pescoço, e proclamassem que passaria a ser o terceiro no governo do seu reino. Naquela mesma noite, foi morto Belsazar, rei dos caldeus. E Dario, o medo, com cerca de sessenta e dois anos, se apoderou do reino* (vv.29-31).

"Naquela mesma noite" tudo aconteceu. Os muros aparentemente impenetráveis da Babilônia foram transpostos pelos exércitos medo-persas, e a cidade caiu. O historiador Xenofonte nos conta que Ugbaru, general de Ciro, conquistou a Babilônia represando as águas do rio que fluíam através do coração da cidade. Depois o exército avançou e a conquistou.

Observe, no entanto, que antes que Belsazar fosse morto e seu reino conquistado, ele ordenou que Daniel fosse recompensado e se tornasse o terceiro mais alto governante no reino.

# Aplicação

Belsazar, que foi consumido pelo mesmo orgulho que quase destruiu seu avô, tentou desafiar Deus. Falhou, porém. Aconteceu, então, que foi "pesado [...] na balança e achado em falta", levantando uma questão importante que cada um de nós precisa responder: E eu, como estou? Qual é a minha avaliação — não aos olhos da multidão, mas aos olhos de Deus, o único na plateia?

Jamais devemos esquecer que somos chamados do princípio ao fim para vivermos diante da única pessoa da plateia — não de outras pessoas. Diante de nós a questão é clara. Vivamos de tal maneira que alcancemos os propósitos de Deus para a nossa vida. Vivamos como Daniel o fez, para sermos avaliados somente pelo Senhor.

# 4 Uma vida de coragem

**GUIA DE ESTUDO**

*Leia as páginas 31-37*

**Para ver o que pode acontecer quando uma pessoa defende a verdade.**

PARA MEMORIZAR

DANIEL 5:10,11

*...Ó rei, [...] Há no teu reino um homem que tem o espírito dos deuses santos.*

## Quebra-gelo

Você já teve que desafiar uma autoridade — sabendo que ela tinha o poder, mas que a verdade estava com você? O que aconteceu?

## Reflexão

**1.** Qual é a situação com relação aos reis que vemos em Daniel 5? O que aconteceu com Nabucodonosor, e que tipo de pessoa era o novo rei?

**2.** Desta vez não era um sonho que precisava ser interpretado (como no capítulo 2). O que era? Como o rei respondeu?

**3.** Quais os problemas deste rei que Daniel apontou, antes ainda de interpretar os escritos na parede?

## Um passo adiante

### Aplicação

1. Em Apocalipse 17:5 e 18:2, João se refere à antiga Babilônia. O que esta profecia quer dizer, no contexto desses versículos?

2. Em Daniel 5:23 o profeta criticou Belsazar por não dar glória a Deus. Veja como isso é importante para nós de acordo com 1 Coríntios 6:20.

## Aprofundamento — Leitura: Daniel 5:1-29

**1.** Nesta história o futuro da Babilônia foi escrito numa parede. Temos uma expressão que diz: "Estava escrito nas estrelas." O que esta expressão significa? É correto dizer que o que estava para acontecer com Belsazar estava "escrito nas estrelas"?

**2.** O que lhe chama a atenção quando lê que a rainha-mãe descreveu Daniel como "um homem que tem o espírito dos deuses santos" (v.11)? Como poderíamos evidenciar aos outros que temos o Espírito de Deus?

**3.** No versículo 17, Daniel deixou claro antes mesmo de interpretar os escritos, que não o faria por causa do que lhe seria doado. No entanto, depois que a interpretação foi dada, Belsazar concedeu os presentes ao profeta e este os aceitou (v.29). Por que, em sua opinião, ele mudou de ideia?

[1]O rei Belsazar deu um grande ban-
quete a mil dos seus grandes [...].
[5]No mesmo instante, apareceram
uns dedos de mão de homem e escre-
viam, defronte do candeeiro, na
caiadura da parede do palácio real; e
o rei via os dedos que estavam escre-
vendo [...]. [10]A rainha-mãe [...]
entrou na casa do banquete e disse:
Ó rei, vive eternamente! Não te tur-
bem os teus pensamentos, nem se
mude o teu semblante. [11]Há no teu
reino um homem que tem o espírito
dos deuses santos [...]. [12][...] chame-
-se, pois, a Daniel, e ele dará a inter-
pretação [...]. [26]Esta é a interpreta-
ção daquilo: MENE: contou Deus o
teu reino e deu cabo dele.
[27]TEQUEL: Pesado foste na balança
e achado em falta. [28]PERES: Dividi-
do foi o teu reino e dado aos medos
persas. [29]Então, mandou Belsazar
que vestissem Daniel com púrpura,
e lhe pusessem cadeia de ouro ao
pescoço, e proclamassem que passa-
ria a ser o terceiro no governo do seu
reino.

### Momento de oração

Use o artigo do *Pão Diário* na página seguinte como guia para devocional e meditação sobre a cultura.

## Refletir

1. A reputação de Daniel — e a subsequente solicitação de sua ajuda — eram consequências de sua santidade (v.11). O que podemos fazer para ter esse tipo de reputação entre os que nos rodeiam?

2. Como a história de Daniel no capítulo 5 pode inspirá-lo a ter coragem em meio às provações?

*Pão Diário:* Para reflexão e meditação sobre **conflitos culturais.**

# Coragem para ficar sozinho

Era uma noite moralmente sombria na Babilônia. Mais sombria do que enfrentamos em nosso emprego, na escola ou comunidade. O rei Belsazar blasfemava deliberadamente contra Deus ao profanar as taças que foram roubadas do templo em Jerusalém. Agora, ele e seu reino estavam para enfrentar o julgamento divino.

Mas mesmo em meio à esta densa escuridão raiou a luz de uma testemunha: o profeta Daniel. Por causa de sua reputação de "...um homem que tem o espírito dos deuses santos..." (Daniel 5:11), ele foi chamado a interpretar a misteriosa mensagem na parede.

Daniel poderia ter suavizado o alerta divino para dar-lhe um significado que iria agradar mais ao rei e à sua corte. Poderia ter omitido a parte do julgamento e morte. Mas, em vez de estragar a mensagem para agradar a Belsazar, o profeta permaneceu fiel a Deus. Sozinho diante do rei e sua corte embebedada falou ousadamente toda a verdade.

Foi preciso muita coragem para que o profeta fizesse isso, porém a ameaça de um rei terreno não era em nada comparável à fidelidade ao Rei do céu. Daniel temeu tão pouco a Belsazar, por temer muito a Deus.

Quando tivermos a mesma perspectiva que este profeta, descobriremos que Deus nos dará coragem para permanecermos sozinhos também.

—*Haddon Robinson*

DANIEL 5:11

*Há no teu reino um homem que tem o espírito dos deuses santos...*

Acesse *Pão Diário* em **www.ministeriosrbc.org**

5

# Uma vida de devoção

## DANIEL 6

Q qual a sua verdadeira necessidade?”, o comercial de TV pergunta enquanto você vem nadando das profundezas do oceano à superfície. De que você mais precisa? De repelentes de tubarão? De nadadeiras de peixe? De força muscular? De respostas? Oxigênio é o que você mais precisa. É o único desses itens todos, sem o qual você não pode sobreviver.

Sem o que você é incapaz de viver? Daniel enfrentará essa crítica questão logo em seguida.

O ano é aproximadamente 538 a.C., e Daniel, tendo passado quase toda a sua vida no cativeiro, agora idoso, serve sob seu terceiro governante, Dario — o Medo.

Na abertura do capítulo 6, Dario estabeleceu seu governo na Babilônia. Daniel foi constituído um dos três governantes do rei sobre todo o reino (vv.1,2). Como resultado da fragilidade de um reino dividido (Ciro da Pérsia; Dario da Média), e duplas burocracias, tudo nesse novo reino era complexo.

Quando Dario decidiu elevar Daniel e colocá-lo responsável por todo o reino (v.3), Daniel encontrou-se novamente sob observação.

## O problema da inveja (6:4-9)

*Então, os presidentes e os sátrapas procuravam ocasião para acusar a Daniel a respeito do reino; mas não puderam achá-la, nem culpa alguma; porque ele era fiel, e não se achava nele nenhum erro nem culpa. Disseram, pois, estes homens: Nunca acharemos ocasião alguma para acusar este Daniel, se não a procurarmos contra ele na lei do seu Deus. Então, estes presidentes e sátrapas foram juntos ao rei e lhe disseram: Ó rei Dario, vive para sempre! Todos os presidentes do reino, os prefeitos e sátrapas, conselheiros e governadores concordaram em que o rei estabeleça um decreto e faça firme o interdito que todo homem que, por espaço de trinta dias, fizer petição a qualquer deus ou a qualquer homem e não a ti, ó rei, seja lançado na cova dos leões. Agora, pois, ó rei, sanciona o interdito e assina a*

### ENFOQUE

"Daniel devia ter mais de 80 anos nesta época; estes homens tiveram muitos anos para observá-lo. Mesmo assim, não havia nada de que eles, honestamente, pudessem acusá-lo. Então, recorreram a um estratagema [...]. Dario ficou preso por seu próprio plano malévolo. Ele não queria condenar Daniel, mas caiu facilmente nesta trapaça."

—James Montgomery Boice

*Daniel: An Expositional Commentary* (Um comentário expositivo, inédito).

*escritura, para que não seja mudada, segundo a lei dos medos e dos persas, que se não pode revogar. Por esta causa, o rei Dario assinou a escritura e o interdito.*

Estes oficiais de categoria inferior desprezavam o fato de Daniel ter autoridade sobre eles — e queriam que ele fosse afastado. O orgulho é competitivo, e a inveja é o resultado do orgulho ferido. C. S. Lewis escreveu:

> "O orgulho é essencialmente competitivo [...]. O orgulho não tem prazer em possuir algo, mas em ter mais do que o próximo. Dizemos que as pessoas têm orgulho sendo ricas, inteligentes ou bonitas, mas não é verdade. Elas têm orgulho por serem mais ricas, mais inteligentes ou mais bonitas do que as outras" (*Cristianismo puro e simples*, Ed. Martins Fontes, 2005).

Estes homens orgulhosos sentiam-se feridos pela ascensão de um homem de integridade — e queriam destruí-lo por isso.

Como iriam atacar? Procuraram motivos para acusá-lo, mas não puderam encontrar deslize algum nele. Por quê? Porque "ele era fiel" (v.4). Isto é um testemunho e tanto — especialmente vindo de seus inimigos. Apesar de viver num ambiente que era uma fossa moral, Daniel havia permanecido puro.

Atacar alguém de caráter impecável é um problema, Daniel então foi atacado em seu único ponto fraco, na percepção deles — sua devoção a Deus. Que testemunho! A única maneira de atacar Daniel era atacando seu relacionamento com Deus.

Os oficiais conspiraram entre si e uniram-se em uma petição a Dario (vv.6,7), usando o engano para jogar com o orgulho do próprio rei. Pediram-lhe para criar uma lei que tornaria ilegal fazer orações durante os 30 dias seguintes a qualquer deus ou homem — com exceção do próprio Dario. E, visto que Dario estava em situação inferiorizada a Ciro, o Persa, este decreto o elevava à posição de um deus e realçava o seu senso de poder que fora restringido por Ciro.

Veja a penalidade pela violação deste decreto: ser "lançado na cova dos leões" (v.7). A inveja dos oficiais não conhecia limites. Eles queriam Daniel morto.

Dario ratificou o decreto deles (v.9), e sendo "a lei dos medos e dos persas", não poderia ser revogado. O que explica por que o decreto era limitado a 30 dias. Depois que Daniel estivesse morto, eles poderiam voltar à sua vida normal.

Dario, aparentemente, era um bom homem, mas, como todos nós, tinha suas fraquezas. No calor do momento, com seu ego afagado, tomou uma decisão imprudente, e aprovou a lei desses homens, que bania a oração.

# O testemunho (6:10-11)

Daniel era tão devotado a Deus, que obedecê-lo era mais importante do que obedecer às leis injustas. Este fato ilustra o princípio bíblico de desobediência obediente, de acordo com o qual devemos escolher entre obedecer à Palavra de Deus ou ao homem. Vemos este princípio praticado pelos apóstolos, no Novo Testamento, quando foram ordenados a parar de pregar. Eles disseram: "Antes importa obedecer a Deus do que aos homens" (Atos 5:29).

> *Daniel, pois, quando soube que a escritura estava assinada, entrou em sua casa, e, em cima, no seu quarto, onde havia janelas abertas da banda de Jerusalém, três vezes no dia, se punha de joelhos, e orava, e dava graças, diante do seu Deus, como costumava fazer"* (v.10).

Daniel desobedeceu a lei injusta, orando. Este é o segredo de uma vida pura em meio a um ambiente impuro. Ele continuou com suas tarefas costumeiras, não interessado em mudar, nem mesmo em parecer que mudava, para satisfazer a multidão.

> *Então, aqueles homens foram juntos, e, tendo achado a Daniel a orar e a suplicar, diante do seu Deus* (v.11).

Daniel quebrou a lei porque esta violava a lei de Deus — e foi apanhado. O medo de ser apanhado, porém, não o deteve. Daniel estava disposto a aceitar as consequências de sua obediência a Deus. Uma lição difícil, mas vital: tenha duas coisas em mente:

- Devemos estar dispostos a aceitar as consequências por praticarmos o que é correto. O apóstolo Pedro disse: "Mas, ainda que venhais a sofrer por causa da justiça, bem-aventurado sois" (1 Pedro 3:14).
- Deus permanece no controle, mesmo quando a vida nos leva injustamente para a notória cova dos leões. Daniel fora pego orando a Deus, e sofreria em nome da justiça, mas estava preparado para glorificar a Deus.

# A paz de Deus
## (6:12-17)

*Se apresentaram ao rei, e, a respeito do interdito real, lhe disseram: Não assinaste um interdito que, por espaço de trinta dias, todo homem que fizesse petição a qualquer deus ou a qualquer homem e não a ti, ó rei, fosse lançado na cova dos leões? Respondeu o rei e disse: Esta palavra é certa, segundo a lei dos medos e dos persas, que se não pode revogar. Então, responderam e disseram ao rei: Esse Daniel, que é dos exilados de Judá, não faz caso de ti, ó rei, nem do interdito que assinaste; antes três vezes por dia, faz a sua oração"* (vv.12,13).

Estes homens eram muito ardilosos. Primeiro lembraram Dario de seu decreto irrevogável, para lançar seu ataque com uma acusação que era um misto de verdade e calúnia. Daniel não havia desconsiderado o rei, mas recusara-se a desconsiderar o seu Deus.

*Tendo o rei ouvidos estas coisas, ficou muito penalizado, e determinou consigo mesmo livrar a Daniel; e, até ao pôr do sol, se empenhou por salvá-lo. Então, aqueles homens foram juntos ao rei e lhe disseram: Sabe, ó rei, que é lei dos medos e dos persas que nenhum interdito ou decreto que o rei sancione se pode mudar* (vv.14,15).

A resposta de Dario mostra que ele finalmente entendeu o que estava acontecendo, pois ficou "muito penalizado". Ele havia falhado em seu julgamento, e estava entristecido. Parece que não era com Daniel ou com o comportamento dele que estava entristecido, mas com o seu próprio orgulho.

Dario procurou libertar Daniel porque não queria que ele sofresse as consequências do tolo decreto (v.14). Procurou por uma brecha na lei, mas não a encontrou. Ele entendeu o impacto de suas ações e viu que era tarde demais. Na realidade, Dario foi pego na armadilha de sua própria lei (v.15). Não havia escape algum — Daniel tinha que ser executado.

*Então, o rei ordenou que trouxessem a Daniel e o lançassem na cova dos leões. Disse o rei a Daniel: O teu Deus, a quem tu continuamente serves, que ele te livre. Foi trazida uma pedra e posta sobre a boca da cova; selou-a o rei com seu próprio anel e com o dos seus grandes, para que nada se mudasse a respeito de Daniel* (vv.16,17).

Sendo considerado culpado de servir a Deus continuamente (v.16), Daniel foi lançado na cova dos leões. Estes leões estavam ali com o propósito de torturar os prisioneiros. Eles normalmente estavam famintos, e eram maltratados e provocados, para rasgar um homem em pedaços.

Em desespero, Dario tentou oferecer algum consolo a Daniel na hora de sua execução (v.16). A cova foi então coberta com uma pedra, e selada (v.17).

Você já se perguntou o que teria acontecido dentro da cova assim que a pedra tinha sido selada? Um estudioso da Bíblia sugere que Daniel escorregou para o chão da caverna e foi abordado por leões — que nada fizeram senão deitar-se ao redor dele para proporcionar-lhe calor e conforto para a noite fria que estava pela frente!

## A proteção de Deus (6:18-23)

Enquanto Daniel dormia tranquilamente com os leões, Dario passou uma noite muito diferente, o que demonstra a diferença entre uma consciência limpa (de Daniel) e um coração cheio de culpa (de Dario).

*Então, o rei se dirigiu para o seu palácio, passou a noite em jejum e não deixou trazer à sua presença instrumento de música; e fugiu dele o sono* (v.18).

Preocupação, culpa, falta de sono, falta de apetite — eram todos efeitos do fracasso de Dario em discernir a conspiração perversa de seus oficiais. Então o rei se levantou e foi à cova dos leões.

*Chegando-se ele à cova, chamou por Daniel com voz triste; disse o rei a Daniel: Daniel, servo do Deus vivo! Dar-se-ia o caso que o teu Deus, a quem tu continuamente serves, tenha podido livrar-te dos leões? Então, Daniel falou ao rei: Ó rei, vive eternamente! O meu Deus enviou o seu anjo e fechou a boca aos leões, para que não me fizessem dano, porque foi achada em mim inocência diante dele; também contra ti, ó rei, não cometi delito algum. Então, o rei se alegrou sobremaneira e mandou tirar a Daniel da cova; assim foi tirado Daniel da cova, e nenhum dano se achou nele, porque crera no seu Deus* (vv.20-23).

Após uma noite sem dormir, Dario foi ver o que havia acontecido. Ele foi quase ridículo gritando para dentro da cova onde não era possível haver qualquer pessoa viva. Até mesmo nas palavras de Dario podemos ver o profundo impacto da vida de Daniel sobre ele: "...dar-se-ia o caso que o teu Deus, a quem tu continuamente serves, tenha podido livrar-te dos leões?" É admirável que Dario tenha considerado a possibilidade de Deus haver protegido Daniel dos leões. Então, lá da escuridão, veio a resposta calma e confiante de Daniel, dizendo que Deus, de fato, o havia protegido.

Daniel não fora ferido, "porque crera no seu Deus" (Daniel 6:23). Em Hebreus 11:33 diz também que a fé do profeta Daniel *fechou a boca dos leões*. Naturalmente, como Hebreus 11:35-40 indica, não é sempre a vontade de Deus livrar Seus filhos. Na igreja primitiva, incontáveis milhares de mártires foram dados como alimento aos leões e conduzidos à eternidade. Entretanto, quer Deus livre ou não em uma situação específica, Sua habilidade de livrar nunca diminui. Ele é sempre capaz.

# 5 Uma vida de devoção

GUIA DE ESTUDO 5

*Leia as páginas 41-47*

**Para entender a importância de permanecer fiel em adoração e oração, não importando os obstáculos.**

PARA MEMORIZAR
Daniel 6:10

*Daniel, pois, quando soube que a escritura estava assinada [...] três vezes por dia, se punha de joelhos, e orava [...] como costumava fazer.*

## Quebra-gelo

Compartilhe com os outros sobre alguns hábitos devocionais que você tem e que o ajudam. Existe alguma outra prática ou rotina de oração que o auxilia?

## Reflexão

**1.** Bill Crowder, ao explicar os sentimentos que os oficiais de categoria inferior tinham com Daniel, disse: "O orgulho é competitivo, e a inveja é o resultado do orgulho ferido" (p.43). Você percebe esta situação na vida das pessoas que o cercam?

**2.** Daniel foi criticado, conforme o versículo 4, porque "era fiel". Você já experimentou esta realidade em sua vida ou na de outros cristãos conhecidos seus? Qual seria o sentimento de fazer o que é correto diante de Deus, mas ser criticado pelos homens?

**3.** O autor disse que "Daniel desobedeceu a lei injusta" (p.44). Você já teve que fazer isto? Se não, que lei futura poderá ter que desobedecer, se ela entrar em choque com a Palavra de Deus?

## Um passo adiante

### Aplicação

1. Daniel era um homem de muita fé. Veja o texto em Hebreus 11:6 e veja como sua vida ilustra esse versículo. Como ele se relaciona conosco, como cristãos, que tentam manifestar a fé em nosso viver?

2. Leia Tiago 2:14-20 e veja que elementos da fé podem ser encontrados nesta passagem.

## Aprofundamento — Leitura: Daniel 6:4-22

**1.** Meditem e discutam o significado do versículo 4 com relação a Daniel. O que significaria para nossa comunidade se estas coisas pudessem ser ditas a nosso respeito?

**2.** No versículo 10, Daniel cometeu um ato de desobediência à uma lei específica. Como isso se alinha com Romanos 13:1,2?

**3.** O que a resposta de Daniel no versículo 21 nos diz sobre o seu caráter?

[4]Então, os presidentes e os sátrapas
procuravam ocasião para acusar a
Daniel a respeito do reino; mas não
puderam achá-la, nem culpa alguma; porque ele era fiel, e não se
achava nele nenhum erro nem culpa
[...]. [7]Todos os presidentes do reino,
os prefeitos e sátrapas, conselheiros e
governadores concordaram em que
o rei estabeleça um decreto e faça
firme o interdito que todo homem
que, por espaço de trinta dias, fizer
petição a qualquer deus ou a qualquer homem e não a ti, ó rei, seja
lançado na cova dos leões [...].
[10]Daniel, pois, quando soube que a
escritura estava assinada, entrou em
sua casa e, em cima, no seu quarto,
onde havia janelas abertas do lado
de Jerusalém, três vezes por dia, se
punha de joelhos, e orava, e dava
graças, diante do seu Deus, como
costumava fazer [...]. [16]Então, o rei
ordenou que trouxessem a Daniel e
o lançassem na cova dos leões [...].
[20]Chegando-se ele à cova, chamou
por Daniel com voz triste; [...].
[21]Então, Daniel falou ao rei: Ó rei,
vive eternamente! [22]O meu Deus
enviou o seu anjo e fechou a boca
aos leões, para que não me fizessem
dano, porque foi achada em mim
inocência diante dele; também contra ti, ó rei, não cometi delito algum.

### Momento de oração

Use o artigo do *Pão Diário* na página seguinte como guia para devocional e meditação sobre a cultura.

## Refletir

1. Como o exemplo de Daniel pode nos incitar a maior devoção? Mencione 2 ou 3 mudanças verdadeiras que esta história sugere em nossa vida de oração?

2. Em Daniel 6:4,22 a vida deste profeta parece não ter defeitos, e nós, não podemos nos comparar a ele. Como podemos seguir seu exemplo, mesmo que não consigamos atingir o mesmo grau de aparente perfeição?

*Pão Diário:* Para reflexão e meditação sobre **conflitos culturais.**

# À procura de sucesso?

O sucesso é alcançado de várias formas, mas para o cristão, só pode ser atingido quando se faz a vontade de Deus.

John W. Yates era tão pobre que tinha que colocar papelão para cobrir os buracos de seu sapato. Quando, aos 15 anos, abriu uma conta bancária depositou o pouco que recebera sob o nome "John W. Yates e Companhia". Podemos ver que desde muito cedo ele fez de Deus seu sócio e administrador. Levou esta prática para sua empresa. Ficou multimilionário, com o passar do tempo.

Outro jovem, o escocês Oswald Chambers, demonstrava ser artisticamente promissor. Aos 18 anos, foi convidado para estudar com os melhores mestres europeus. Mas recusou o convite e se matriculou em um instituto bíblico, onde mais tarde se tornou professor. Anos depois, foi para o Egito e ministrou às necessidades espirituais dos soldados britânicos. Morreu com pouco mais de 40 anos, porém deixou ao mundo um legado de literatura devocional. Estes dois homens tiveram como seu objetivo principal — o cumprimento da vontade de Deus; ambos foram bem-sucedidos.

Daniel começou sua carreira como um jovem cativo na Babilônia, e por várias vezes colocou sua vida em perigo por permanecer fiel ao Senhor. Recusou-se a ceder e Deus o elevou à posição de proeminência. Quando temos esta atitude e aceitamos o que Deus tem para nós, podemos ter a certeza do sucesso, não importa de que forma ele venha.

*—Herb Vander Lugt*

DANIEL 6:28

*Daniel, pois, prosperou no reinado de Dario e no reinado de Ciro, o persa.*

# 6

# Tomando uma decisão

Quando lemos esta história, centenas de anos mais tarde, sabemos qual foi o final — mas Daniel não sabia. Ele conhecia a capacidade de Deus, mas não os detalhes de Seu plano. Sabia apenas que desejava viver para honrar o seu Deus. Ele precisava tomar a decisão de obedecer a Deus, ao invés de submeter-se ao mais poderoso governo de seus dias.

Daniel sabia, também, que não poderia sobreviver sem declarar seu amor para Deus. Foi dito que a Palavra de Deus é o leite, comida, e pão da vida. A oração, porém, é a sua respiração. Você pode viver por um longo período de tempo sem alimento, mas não pode sobreviver mais que alguns minutos sem respirar. Tal é a importância da oração. Será que damos essa prioridade à oração em nossas vidas? Este é o principal item que deve ser cultivado na vida espiritual em meio a uma cultura secular.

## A necessidade do momento presente

O pregador E. M. Bounds escreveu: "A igreja está procurando métodos melhores; Deus está procurando homens melhores" (*Poder através da oração*, Ed. Batista Regular, 2009).

O drama que se descortina em Daniel grita a mesma mensagem para nós. Estamos vivendo em um mundo semelhante ao da Babilônia, cercados por uma cultura que se transforma e que se deteriora constantemente. Entretanto, é para essa espécie de mundo que somos chamados a ser o Daniel de nossa própria geração. Podemos nos amoldar à nossa cultura ou, como Daniel, podemos usar as trevas como oportunidade para refletir a luz do nosso Deus.

A escolha é nossa. Como iremos nós, como homens e mulheres de Deus, servi-lo em nossa geração? A coragem que Daniel teve em viver para honrar a Deus é exemplo e legado maravilhoso para nós.

É possível, entretanto, que você ainda não tenha começado a viver no espírito do Deus de Daniel. Se for verdade, você pode encontrar-se com o Salvador nas páginas do Novo Testamento.

De acordo com os escritores dos evangelhos, o Deus de Daniel veio até nós na pessoa de Seu Filho. Após três anos de vida pública, Jesus morreu, voluntariamente, executado em uma cruz para pagar por nossos pecados.

Três dias depois, Ele ressurgiu dos mortos e oferece agora o dom gratuito do perdão a todos os que reconhecem sua desesperança, e confiam nele e em Sua dádiva. Se você confia neste Cristo, mas nunca abriu pessoalmente seu coração a Ele, receba a promessa do apóstolo João, que escreveu:

*Mas, a todos quantos o receberam, deu-lhes o poder de serem feitos filhos de Deus, a saber, aos que creem no seu nome* (João 1:12).

## ENFOQUE

"Deus não deu visões a homens como Ezequiel, Daniel e João para entretê-los. O Senhor nos deu os livros de Daniel e Apocalipse, e os outros livros proféticos da Bíblia, para revelar Seu programa na história. Não foram escritos somente para nos informar sobre o futuro, mas também nos instruem quanto ao presente. O Senhor nos deu estes livros para que soubéssemos como viver hoje, tendo o amanhã em mente, para que sejamos sóbrios e nos fundamentemos em Sua perspectiva eterna sobre os acontecimentos humanos e celestiais."

—Ray Stedman,

*Adventuring Through the Bible Bible* (Aventurando-se pela Bíblia)

Quando você confia em Jesus como seu Salvador, não somente tem seus pecados perdoados e a promessa de um lar eterno no céu, mas também receberá o poder e os recursos que Daniel tinha em seu relacionamento com Deus. Pode prosseguir em confiança — mesmo num mundo e cultura que se opõem ao Senhor e à Sua bondade.

# 6 Tomando uma decisão

**GUIA DE ESTUDO**

*Leia as páginas 51-53*

**Para estabelecermos um relacionamento com Deus e termos a fé que fundamenta aquele que quer viver para Ele.**

PARA MEMORIZAR

João 1:12

*Mas, a todos quantos o receberam, deu-lhes o poder de serem feitos filhos de Deus, a saber, aos que creem no seu nome.*

## Quebra-gelo

Qual o "testemunho" de sua história de fé? Você poderia ajudar outros em seu grupo ao compartilhar sua história?

## Reflexão

**1.** Bill Crowder diz que Daniel sabia o que Deus podia fazer, "mas não os detalhes de Seu plano" (p.51). Essa é a essência da fé — confiar no Senhor em meio ao desconhecido (Hebreus 11:1). O que isto representa em sua vida?

**2.** O ponto inicial para que todos nós, individualmente, tentemos ser um Daniel em nosso mundo é aceitar "o dom gratuito do perdão" (p.52). Por que isso é tão importante para nós?

**3.** João 1:12 diz que podemos nos tornar "filhos de Deus". Algumas pessoas dizem que todos nós somos filhos de Deus. Este versículo sugere alguma distinção na condição de "filhos"?

## Um passo adiante

### Aplicação

1. Examine o significado das passagens a seguir: João 3:16; Efésios 2:8,9; Romanos 3:23; 5:8; 6:23.

## Aprofundamento — Leitura: João 1:1-13

**1.** Se entendermos que o termo Verbo nos versículos 1 e 2 significa "Jesus", o que estes versículos nos dizem sobre Deus e Jesus? ________________________

**2.** Quem é a "Luz" sobre quem João testemunha? (v.9).

**3.** O que significa "crer em Seu [Jesus] nome?" (v.12). O que Ele fez para que confiássemos nele? Você já nasceu de Deus? (v.13). ________________________

1Deus. 3Todas as coisas foram feitas
por intermédio dele, e, sem ele, nada
do que foi feito se fez. 4A vida estava
nele e a vida era a luz dos homens
[...]. 6Houve um homem enviado
por Deus cujo nome era João. 7Este
veio como testemunha para que tes-
tificasse a respeito da luz, a fim de
todos virem a crer por intermédio
dele. 8Ele não era a luz, mas veio
para que testificasse da luz, 9a saber,
a verdadeira luz, que, vinda ao
mundo, ilumina a todo homem. 10O
Verbo estava no mundo, o mundo
foi feito por intermédio dele, mas o
mundo não o conheceu. 11Veio para
o que era seu, e os seus não o recebe-
ram. 12Mas, a todos quantos o rece-
beram, deu-lhes o poder de serem
feitos filhos de Deus, a saber, aos que
creem no seu nome; 13os quais não
nasceram do sangue, nem da vonta-
de da carne, nem da vontade do
homem, mas de Deus.

### Momento de oração

Use o artigo do *Pão Diário* na página seguinte como guia para devocional e meditação sobre a cultura.

## Refletir

1. Viver pela fé como Daniel viveu é algo maravilhoso. Que lições da vida deste profeta podem ajudá-lo a viver dessa maneira? ________________________

2. Qual é a minha resposta à "necessidade do momento presente" (p.52)? ________________________

*Pão Diário:* Para reflexão e meditação sobre **conflitos culturais.**

# Indo a lugar nenhum

Como criaturas finitas, achamos que nossa vida na terra e nosso destino eterno estão, de alguma forma, vinculados ao nosso Criador. A maioria das religiões detalha quais os esforços que o homem deve fazer para chegar a Deus e se tornar aceitável a Ele. Na China, por exemplo, peregrinos devotos sobem os sete mil degraus para atingir o topo de uma montanha sagrada chamada *Taishan*. Primeiramente passam pelo "Portão do Meio", depois pelo "Portão Sul do Céu". E finalmente chegam a um lindo edifício — o "Templo de Nuvem Azul-Celeste". Ali oferecem sacrifícios, achando que conquistarão o favor divino. Este esforço demonstra grande fervor religioso, mas não traz o devoto para mais perto de Deus.

Em contraste com esta realidade, o cristianismo começa com o Criador dos céus e da terra descendo até o homem. Em Sua santidade, Ele está muito acima do pico da montanha mais alta, tão distante do alcance do homem pecador que só Ele mesmo poderia transpor este abismo. E foi exatamente isso o que fez. Por meio do milagre da encarnação, Jesus se tornou carne e se ofereceu como sacrifício pelo pecado. Depois de ressuscitar dentre os mortos, voltou à glória. Foi por nós que houve esta descida do céu e subsequente volta para lá, com o sacrifício eterno que os acompanhou. Nossa parte é confessar os nossos pecados, renunciar a todos os nossos esforços para conquistar a salvação, e confiar nele como nosso Salvador.

Você ainda está galgando os infinitos degraus do esforço pessoal que o levam a lugar nenhum? Por que não tomar aquele único passo de fé em Jesus? Este é o passo que o conduzirá ao céu.

*—Dennis DeHaan*

JOÃO 1:12

*Mas, a todos quantos o receberam, deu-lhes o poder de serem feitos filhos de Deus, a saber, aos que creem no seu nome.*

## GUIA DO LÍDER E DO ESTUDANTE

### Visão geral das lições

| ESTUDO | TÓPICO | TEXTO BÍBLICO | LEITURA | PERGUNTAS |
|---|---|---|---|---|
| 1 | O conflito de culturas | *João 17:12-17* | pp.6-7 | pp.8-9 |
| 2 | Uma vida em destaque | *Daniel 1:3-17* | pp.11-17 | pp.18-19 |
| 3 | Uma vida de confiança | *Daniel 2:1-28* | pp.21-27 | pp.28-29 |
| 4 | Uma vida de coragem | *Daniel 5:1-29* | pp.31-37 | pp. 38-39 |
| 5 | Uma vida de devoção | *Daniel 6:4-22* | pp.41-47 | pp.48-49 |
| 6 | Tomando uma decisão | *João 1:1-13* | pp.51-53 | pp.54-55 |

### Série mensagens para o púlpito
(para pastores e líderes de igreja)

Embora os estudos bíblicos da série *Descobrindo a Palavra* sejam, principalmente, para estudos individuais e em grupos, alguns pastores podem usá-los como uma base para uma série de mensagens sobre este tema relevante. Os tópicos sugeridos assim como os textos correspondentes da seção Visão Geral das Lições podem ser usados como esboço da série de sermões.

### Como usar os estudos bíblicos da série *Descobrindo a Palavra*

**Individual — Estudo pessoal**

- Leia as páginas indicadas no texto.
- Reflita com atenção e responda as perguntas por escrito.

**Pequenos Grupos — Estudos bíblicos**

- Para valorizar o encontro do grupo, cada aprendiz deve cumprir as tarefas da lição antes da reunião.
- Tempo recomendado para o estudo: 45-55 minutos.
- Envolva o grupo no debate, buscando a participação de cada um dos aprendizes.

## NOTAS:

NOTAS:

NOTAS: